W0299030

Ce livre

appartient à

....

....

Kay Maguire · Danielle Kroll

Sommaire

Introduction

La nature est partout, elle vit, respire et se développe, juste sous ton nez. Arrête-toi une minute et regarde… les oiseaux dans les arbres, les champignons dans les bois, les têtards dans les mares et l'araignée accrochée aux grilles au bout de la rue. La nature est tout autour de toi.

Tandis que l'année s'écoule, saison après saison, les insectes, les plantes et les animaux que tu peux observer changent. Au printemps, la température augmente et les jours rallongent petit à petit, les bourgeons éclatent et les feuilles apparaissent, les premières fleurs s'ouvrent et les animaux qui hibernaient commencent à s'éveiller, devinant qu'ils vont enfin pouvoir trouver de la nourriture. Les nouvelles vies peuvent commencer. Puis les jours s'allongent et se réchauffent de plus en plus, le soleil brille et l'été est là ! Partout, les fleurs s'épanouissent, les fruits mûrissent, les oiseaux et les autres animaux passent leurs journées à nourrir leurs petits. Les beaux jours s'éloignent et le temps commence à changer de nouveau. Les journées rafraîchissent et raccourcissent et, privées de la lumière du soleil, les dernières fleurs fanent et retournent à l'état de graines. Des baies apparaissent et les oiseaux se régalent avec ces récoltes automnales, se préparant au froid et au manque de nourriture à venir. Puis, enfin, la météo devient glaciale, les plantes commencent à mourir et les courtes journées d'hiver débutent. Tout est tranquille, les plantes comme les animaux se cachent du froid et de l'obscurité jusqu'à ce que, soudain, la glace fonde, le soleil brille et les fleurs commencent à s'ouvrir. Une année entière est passée et c'est de nouveau le printemps !

L'année a effectué un cycle complet et chacune de ces belles saisons continuera à revenir, encore et toujours, avec ses événements uniques et merveilleux à observer. Ce livre t'aidera à repérer ces phénomènes et à découvrir un monde enchanté au seuil de ta porte.

Bienvenue au printemps

Après un hiver long et froid, la nature s'éveille enfin ! La température est chaque jour plus douce, les journées s'allongent progressivement et deviennent un peu plus lumineuses. Les bourgeons s'ouvrent, de petites pousses germent et les premières fleurs s'épanouissent. Comme le sol se réchauffe, les bulbes de printemps percent la terre et les semis récents germent et commencent à pousser.

Le printemps est la saison des commencements. Les agneaux viennent au monde et se mettent à sautiller dans les prés, les lapins quittent leur terrier et les oiseaux réapparaissent et commencent à construire leur nid, ils chantent en travaillant. Le monde se réveille ! Alors, arrête-toi un instant et regarde autour de toi.

Le monde se réveille

Le jardin est un endroit merveilleux au printemps car, enfin, tout commence à pousser et à fleurir. Quand les journées sont tièdes, nous pouvons sortir et partir en exploration : sentir le délicieux parfum des arbustes et des arbres en fleurs, observer sous les pierres les mille-pattes, les vers et les cloportes et regarder les premières abeilles bourdonner autour des fleurs. Quand tu te réveilles tôt le matin, reste tranquille, ferme les yeux et tu pourras alors entendre les oiseaux. Le jardin peut être un endroit bruyant au printemps !

Le chœur de l'aube est plus bruyant au printemps car beaucoup d'oiseaux cherchent à attirer un partenaire en chantant.

Entends-tu les oiseaux chanter, saluant l'aurore ? Jour après jour, ils répètent leur chant, appelé le « chœur de l'aube ».

Les oiseaux chantent à l'aube pour marquer leur territoire et indiquer aux autres oiseaux leur emplacement.

Le chœur devient de plus en plus bruyant à mesure que de nouveaux oiseaux joignent au concert leurs gazouillis, leurs sifflements et leurs trilles.

Les oiseaux s'accouplent au printemps quand le temps est doux et qu'il y a beaucoup de nourriture aux alentours pour leurs oisillons.

Les mêmes oiseaux reprennent chaque jour le chœur. Les rouges-gorges, les merles et les grives musiciennes sont parmi les premiers à chanter.

À l'aube, à cause de la faible luminosité, il est difficile pour les oiseaux de fureter à la recherche de nourriture, mais c'est un bon moment pour faire beaucoup de bruit sans se faire attraper par des prédateurs !

L'époque des salades

Dans un potager, le printemps est la période la plus chargée avec les graines que l'on sème et les premières cultures à récolter. La terre s'est réchauffée, elle est à la température idéale pour que les graines commencent à germer. Quand la végétation se réveille, les mauvaises herbes apparaissent aussitôt et il faut les enlever. La terre est ratissée et arrosée, prête à accueillir les semis de nouvelles graines.

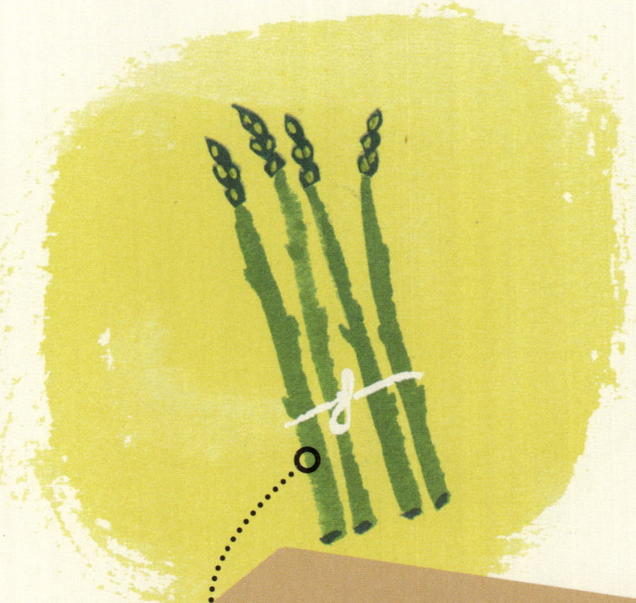

Les pointes vertes et fines des asperges jaillissent du sol et s'étirent, prêtes à être coupées et croquées.

Tire sur la longue tige rouge de la rhubarbe, coupe les feuilles : il n'y a plus qu'à en garnir une délicieuse tarte ou un succulent crumble.

C'est le moment de planter des pommes de terre, en les enterrant bien profondément avec leurs germes noueux prêts à pousser.

C'est la période pour semer ! Fais un trou ou dessine une ligne avec ton doigt et saupoudre-les de graines. Puis arrose-les et attends que de petites pousses vertes apparaissent.

Les mauvaises herbes poussent rapidement et produisent très vite beaucoup de graines. Arrache-les avant qu'elles n'envahissent les jeunes pousses et les empêchent de se développer. Regarde les vers de terre qui se tortillent dans le sol !

le potager

Les abeilles sont en effervescence autour des fleurs blanches des fraisiers, elles boivent leur nectar et les pollinisent au passage. Regarde le centre jaune de chaque fleur. Bientôt les pétales vont tomber et ce qui reste de la fleur va gonfler, rougir et se transformer en fraises charnues et juteuses.

Les premières feuilles de laitue, vertes et fraîches, seront bientôt prêtes à être cueillies et mangées en salade.

Les limaces et les escargots adorent le printemps – il y a plein de feuilles fraîches et nouvelles à manger. Suis leurs traces brillantes et gluantes ou repère les trous dans les feuilles, ils ne devraient pas être loin !

As-tu remarqué ces longues feuilles minces qui ressemblent à de parfaits tubes verts ? Les oignons de printemps sont en train de grossir juste sous la surface.

Tire sur la touffe de feuilles des radis et tu découvriras les billes rouges et blanches en dessous.

Sous de jolies feuilles duveteuses, des carottes orange vif s'étirent vers les profondeurs du sol.

Certaines fleurs sur les arbres sont toutes petites, à peine visibles au milieu du vert et du jaune mais les chatons, eux, sont faciles à repérer, car ils pendent en grappes dorées des branches brunes et presque nues.

Regarde les taches de couleur parmi les feuilles brunes sur le sol de la forêt. D'éclatantes jacinthes bleues, des anémones blanches et des violettes mauves sont en train de s'ouvrir.

Les oiseaux travaillent dur : ils rassemblent des brindilles, de la mousse et des feuilles pour leur nid. Quand ils ont terminé, ils s'y installent et attendent l'éclosion de leurs œufs.

Les nouvelles crosses des fougères se déploient lentement en une spirale d'un vert tendre.

Des chants printaniers

Les bois sont des endroits bruyants au printemps ! Des oiseaux reviennent de régions éloignées plus froides, se trouvent des partenaires et construisent des nids pour leurs œufs et l'arrivée de leurs couvées d'oisillons. Les arbres se réveillent après leur long sommeil hivernal. Les fleurs des bois profitent des rayons du soleil printanier qui ruissellent à travers les branches encore assez dénudées des arbres, et leurs pétales s'ouvrent.

Les bois résonnent des coups de bec du pivert,
des coucous qui s'interpellent et des grimpereaux
qui volettent de tronc en tronc.

Enfin ! Les bourgeons hermétiquement clos se transforment d'un coup en feuilles, les jeunes pousses éclatantes pointent dans la lumière et étendent leur ombre sur le sol.

Arrête-toi et respire l'air. L'ail sauvage remplit le bois de son odeur amère et piquante.

Regarde attentivement le sol de la forêt. De minuscules pousses émergent au milieu des feuilles : de jeunes arbres se développent là où des graines sont tombées des mois auparavant.

La période des naissances

Quand l'hiver est fini et que le temps se réchauffe, le fermier ouvre grand les portes de la grange et laisse les animaux sortir de nouveau dans les prés. Les vaches, les cochons, les chèvres et les moutons gambadent dehors, trop contents de profiter du soleil printanier. Comme les jours s'allongent et que le soleil se lève plus tôt, le coq célèbre le début de la journée avec un joyeux cocorico à l'aube, tandis que les poules sont de nouveau occupées à pondre des œufs après leur bref repos hivernal. Mais le printemps peut être une période fatigante pour le fermier car il y a beaucoup de naissances chez les animaux, souvent en plein milieu de la nuit.

la ferme

Les veaux tiennent déjà sur leurs pattes quelques minutes après leur naissance, mais ils ont besoin de la surveillance de leur mère jusqu'à ce qu'ils soient assez forts pour marcher et courir parfaitement.

De nombreux petits cochons naissent au printemps, se tenant serrés contre leur mère jusqu'à ce qu'ils soient prêts à sortir dans les prés. Il peut y avoir jusqu'à douze porcelets par portée.

Après avoir passé l'hiver à l'intérieur, les vaches partent enfin dans les pâturages. Regarde-les flâner, à la recherche de la meilleure herbe à brouter.

Les lièvres sont un signe que le printemps est vraiment là ! Cherche les touffes de fourrure dans la haie et tu auras peut-être la chance d'apercevoir le mâle et la femelle lièvre en plein « combat de boxe ».

Labourer les champs

La campagne renaît au printemps avec ses arbres et ses haies d'un vert frais et lumineux. Les semences récoltées en automne commencent à germer et à pousser, et le fermier sort dans les champs vides sur son tracteur, prêt à semer les nouvelles graines. Plus tard dans la saison, les champs brillent comme de l'or avec leurs grappes de colza en fleurs. Pendant ce temps, les haies se couvrent de fleurs et de feuilles et se remplissent d'oiseaux et d'abeilles battant des ailes, de souris et de musaraignes détalant de champ en champ.

Des champs d'un jaune éclatant parsèment la campagne ; il s'agit de colza, une plante de la même famille que les choux, qui produit une huile que nous utilisons pour cuisiner.

Au milieu des champs, les haies forment un fouillis d'arbres, d'arbustes et de ronces. Au début du printemps, les premières fleurs blanches à apparaître sont celles du prunellier.

Au printemps, le fermier est occupé sur son tracteur à labourer et à retourner la terre afin qu'elle soit prête pour les semailles.

Observe le ciel. Dans les nuages qui dérivent, peux-tu repérer des formes précises ?

Au printemps, les champs passent du brun au vert lorsque les pousses de blé, de maïs et d'autres céréales commencent à pointer hors du sol.

Les oiseaux pépient derrière le tracteur quand la charrue retourne la terre ! Ils le suivent de près à la recherche de vers de terre et de graines à manger.

Juste avant la fin du printemps, les aubépines fleurissent. Elles sont souvent appelées « fleurs de mai » d'après leur mois de floraison. Les abeilles adorent leurs fleurs blanches.

Beau temps pour les canards

La mare est pleine de vie au printemps. Les tritons et les escargots d'eau émergent après avoir passé l'hiver enfouis dans la vase. Les œufs déposés par les grenouilles revenues à la fin de l'hiver flottent dans l'eau en gros amas de gelée, alors que ceux des crapauds sont accrochés à des plantes aquatiques. Les crapauds sont très pointilleux à propos de l'endroit où déposer leur frai – c'est ainsi qu'on appelle leurs œufs –, ils accomplissent souvent un long voyage pour retourner dans la mare où ils sont nés juste pour s'accoupler. Alors, si tu aperçois un crapaud traversant la route, donne-lui un coup de main, il le mérite ! Le frai des grenouilles évolue au printemps, quand des queues apparaissent sur les œufs, puis des pattes, et que les œufs se transforment en têtards.

la mare

Regarde attentivement les cygnes : des bébés cygnes sont nichés dans leur plumage, bien accrochés pour une balade sur le dos de papa ou de maman.

Au bord de l'eau, des soucis d'eau jaune d'or et d'étranges choux puants abritent les premières grenouilles.

Des canetons tout légers sortent de leur coquille et filent à l'eau où ils suivent leur mère partout où elle va. L'entends-tu cancaner pour leur ordonner de rester tout près ?

Les fleurs bleu ciel des myosotis aquatiques sont des cachettes idéales pour de petits amphibiens comme les tritons.

Prends un sac de pain rassis ou mieux, de graines pour oiseaux, et observe les canards traverser la mare en cancanant dans ta direction pour venir chercher leur déjeuner.

Les arbres en fleurs

Les vergers sont magnifiques au printemps avec les boutons d'or et les pâquerettes dans l'herbe, tandis que les arbres sont couverts de fleurs blanches et roses. Les abeilles et les papillons foncent d'une fleur à l'autre. Ils boivent leur nectar et les pollinisent afin que plus tard dans l'année elles se transforment en fruits : pommes, cerises, poires et prunes. Lorsque souffle la brise, les fleurs tombent des arbres et recouvrent le sol comme de la neige.

Les chenilles mangent beaucoup, dévorent les feuilles et grossissent très vite, prêtes pour le jour où elles se transforment en chrysalide puis en un magnifique papillon ou en mite.

Les orties sont recouvertes de minuscules poils. Ce sont des cachettes idéales pour les œufs de beaucoup de papillons, car ils protègent les chenilles et leur évitent de se faire dévorer.

Les fleurs roses en forme de trompette des digitales s'ouvrent les unes après les autres de bas en haut, et sont remplies de nectar pour les abeilles.

Les abeilles sont toujours le signe que le printemps est arrivé et la reine, la mère de toutes les abeilles de la ruche, est la première que l'on voit.

Les arbres fruitiers croulent sous les fleurs roses et blanches, qui tombent sur le sol comme des confettis.

De larges feuilles d'oseille poussent souvent en touffes près des orties. Si tu te piques dans les orties, étale une feuille d'oseille sur ta peau irritée et cela calmera la douleur.

Si tu te tiens bien immobile, tu pourras observer des lapins assis dans l'herbe, leurs nez frétillant, mais s'ils t'entendent approcher, ils détaleront !

Les couleurs remplacent la grisaille lorsque les cerisiers et les magnolias se couvrent de feuillage et de fleurs.

Lorsque les journées deviennent plus lumineuses, les gens sortent dans la rue pour le nettoyage de printemps de leur voiture.

Les trompettes jaune vif des jonquilles fleurissent, illuminant les journées.

Observe les écureuils se pressant d'arbre en arbre à la recherche de nourriture, affamés après un long hiver de jeûne.

Les oiseaux sont installés dans leur nid, prêts à couver leurs œufs et à faire connaissance de leurs nouveaux oisillons.

À la différence de la plupart des oiseaux, les pigeons ont un partenaire pour la vie. Les entends-tu roucouler ensemble ?

Les oiseaux adorent boire dans les flaques d'eau, profitant au maximum de chaque averse pour étancher leur soif.

Nettoyage de printemps

La rue change d'aspect au printemps. Les arbres et les plantes reverdissent et commencent à fleurir, tandis que les bulbes percent le sol et fleurissent aussi. Les écureuils et les oiseaux apparaissent et s'enhardissent pour chercher à boire et à manger au grand jour ; quant aux habitants, ils laissent leurs manteaux d'hiver chez eux, heureux de profiter à nouveau de la vie en plein air. Les gazons sont tondus, les voitures lavées et les vitres nettoyées.

Bienvenue
en été

Les jours sont longs, la température est chaude et dans le ciel, le soleil brille avec éclat. Il y a des couleurs partout avec la pleine floraison de beaucoup de fleurs. Les cultures poussent et mûrissent. Les fermiers sont affairés : ils sont dehors, sur leur tracteur, à ramasser le foin et à tondre les moutons, coupant leur longue toison emmêlée qui deviendra de la laine. Les jardins et les potagers ressemblent à des jungles débordantes de végétation. Partout les oiseaux chantent, les papillons battent des ailes et les abeilles remplissent l'air de leur bourdonnement.

Sur l'herbe qui ondule sous la brise, des couvertures recouvertes de nourriture sont étalées pour les pique-niques et les enfants sont occupés à fabriquer des couronnes de pâquerettes sous le soleil qui tape fort. Attrape un chapeau et rejoins-les dehors !

Un jardin fleuri

En été, le jardin déborde de couleurs et de vie. Le soleil brille dans le ciel, chaud et éclatant, et l'air embaume d'odeurs de fleurs. Celles-ci offrent toutes les nuances de couleurs : du rouge au rose en passant par l'orange, le jaune et le bleu. Pendant ce temps, papillons et abeilles passent de fleur en fleur, buvant leur liquide sucré, le nectar. Ferme les yeux et écoute le bourdonnement des abeilles, le gazouillis chantant des oiseaux et le ronflement lointain d'une tondeuse à gazon.

Des papillons éclatants volettent de fleur en fleur, et utilisent leur longue langue, appelée trompe, pour siroter le nectar.

Les fleurs jaune vif du tournesol suivent la course du soleil dans le ciel. Regarde les abeilles groupées dans le cœur sombre de la fleur, en train de boire son nectar.

Savais-tu que les merles sautillent sur l'herbe pour pousser les vers de terre à sortir ? Quand ils les ont repérés, ils les tirent du sol avec leur bec pour les manger.

le jardin

Le jardin déborde de couleurs et de senteurs extraordinaires en été car toutes les fleurs, les arbustes et les plantes grimpantes sont en pleine floraison.

Les insectes volants rayés jaune et noir ne sont pas tous des guêpes ou des abeilles : les syrphes ou mouches des fleurs leur ressemblent mais n'ont pas de dard. Regarde-les foncer en silence entre les fleurs.

Si tu remarques dans la pelouse de petites buttes de terre qui ressemblent à de minuscules volcans, assieds-toi et observe les petites abeilles minières qui bourdonnent aux alentours. Leur nid se trouve sous le sol, remplis d'abeilles rousses très affairées.

Le vrombissement de la tondeuse à gazon est un des bruits typiques de l'été ; l'herbe pousse vite et doit être tondue une fois par semaine pour rester impeccable.

Les plantes se servent de leurs couleurs et de leurs parfums pour attirer les abeilles et les papillons. Une des plantes favorites des abeilles est la lavande ; elles adorent butiner ses fleurs gorgées de nectar au goût sucré.

Les coccinelles vermillon sont les meilleures amies du jardinier : elles adorent les pucerons qui dévorent les plantes et peuvent en manger plus de cinquante en une seule journée !

Mûres pour la cueillette

C'est une période joyeuse et affairée au potager, car les plantations mûrissent de tous côtés sous le soleil d'été et sont déjà prêtes à être cueillies et mangées. Les gelées ont disparu, les bâches et les cloches de protection peuvent être retirées ; il est désormais nécessaire d'arroser et de désherber parfois quotidiennement pour être sûr d'obtenir beaucoup de fruits et de légumes pour le dîner. Tout pousse : les courgettes grossissent, les haricots et les petits pois remplissent leur cosse et les fraises et les tomates, juteuses et bien rouges, sont délicieuses à déguster sur place.

Les courgettes enflent et sont à point pour la dégustation. Savais-tu que tu pouvais aussi manger leurs fleurs ?

Quand ses jolies fleurs rouges sont fanées, de minces haricots d'Espagne apparaissent. Cueille-les et beaucoup d'autres haricots pousseront ensuite !

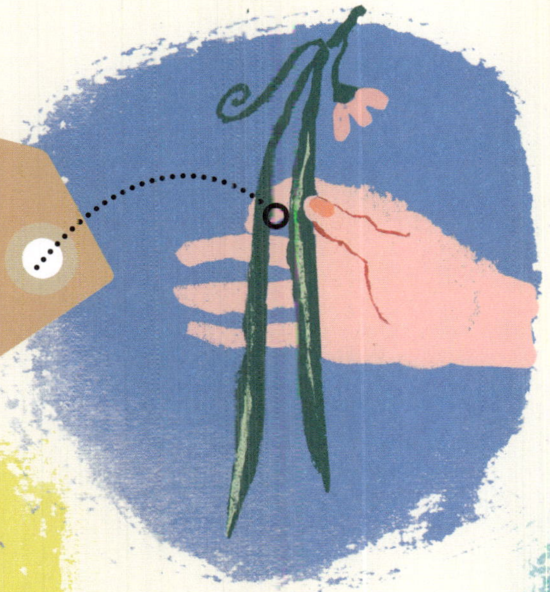

Les longs rameaux verts des plants de tomates sont appelés des grappes. Laisse mûrir les tomates jusqu'à ce qu'elles soient rouge vif, elles éclateront alors dans ta bouche !

Enfonce tes doigts dans le sol et tu devrais sentir l'extrémité ferme des carottes sous leurs feuilles plumeuses. Tire-les doucement et tu verras ce que tu as récolté.

Les fraises sont un des fruits les plus délicieux de l'été. Chauffées par le soleil, elles deviennent rouges, sucrées et juteuses.

Cueille les feuilles vertes et croquantes de la laitue juste avant de la manger, en les tirant doucement entre ton pouce et ton index.

Les fleurs indiquent que les pommes de terre grossissent sous terre. Quand elles fanent, les pommes de terre sont à maturité.

le potager

Des groseilles, des myrtilles et des framboises juteuses pendent comme des joyaux ; rondes et fermes, elles sont à point pour la cueillette.

Garde un œil sur les petits papillons blancs qui volettent autour du carré de choux. Leurs chenilles noir et jaune, affamées, doivent être quelque part aux alentours en train de trouer les feuilles et de les dévorer.

En été, les limaces et les escargots se cachent dans des endroits sombres et humides, ne sortant que la nuit ou au petit matin pour dévorer de jeunes feuilles et de jeunes pousses.

Retire toutes les mauvaises herbes qui absorbent la nourriture et l'eau de tes plantations, et mets-les sur le tas de compost.

Tu peux te rendre compte quand les petits pois sont bien dodus dans leur cosse et prêts à être cueillis. Passe ton pouce le long de la cosse et fais-en jaillir les petits pois, que tu mettras directement dans ta bouche pour les déguster !

Les pucerons sont de minuscules insectes noirs ou verts qui dévorent les plantes. Heureusement, les ravissantes coccinelles mangent ces croqueurs trop affamés.

L'été est une période où les plantes sont assoiffées ; elles ont besoin de beaucoup d'eau quand le temps est chaud et sec. Continue à bien arroser celles que tu as semées à la fin de l'été et tu auras de délicieux légumes dès le début du printemps suivant.

Les oiseaux sautillent de branche
en branche, s'appelant entre eux,
et remplissant les bois de leurs
pépiements et gazouillis.

Reste immobile et écoute le doux
bruissement du vent sur les feuilles
quand la brise souffle dans les bois
et que le sommet des arbres
se balance d'avant en arrière.

Le chèvrefeuille odorant s'enroule
autour des branches pour atteindre
la lumière.

Tu pourras repérer des bosses
et des taches roses ou jaunes
sur les feuilles. Un insecte s'est attaqué
aux feuilles pour les manger et l'arbre
a produit ces boursouflures
pour repousser l'insecte.

Les branches épineuses des mûriers
sont couvertes de fleurs qui
deviendront des fruits noirs
et juteux quelques semaines
plus tard.

Si tu fais craquer une pomme de pin
sous tes pieds, ramasse-la et regarde-la.
Est-ce qu'un écureuil ou une souris
l'a grignotée ?

Fais attention aux sentiers
dans les bois ! Des colonnes de fourmis
y défilent, mais où vont-elles
et d'où viennent-elles ?

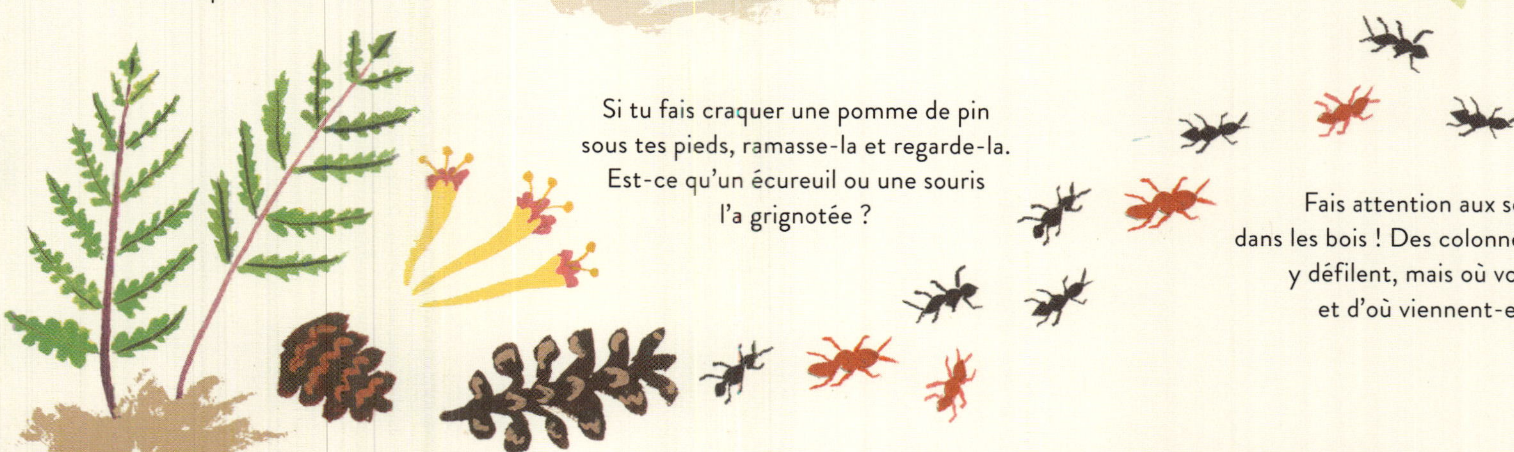

Des scarabées noirs et luisants, des cloportes et des mille-pattes
vivent dans les recoins et les fentes, sous les rondins de bois
et dans les piles de feuilles. Soulève délicatement un morceau
de bois et vois ce que tu peux trouver dessous.

Promenade dans les bois

Les bois sont, en été, les endroits les plus calmes et les plus silencieux. Les arbres sont couverts de feuillage, projetant leur ombre sur le sol de la forêt, tandis que le doux sifflement des oiseaux retentit en rythme dans la fraîcheur de la pénombre. Regarde les lumineuses trouées des rayons du soleil à travers les feuilles, écoute le chant des oiseaux et le bruissement du vent dans les arbres, respire l'odeur de terre chaude et humide et observe silencieusement les déplacements des animaux.

Si tu es dans les bois au coucher du soleil, regarde bien : les chauves-souris fondent sur les insectes tandis que les chouettes sont à l'affût de leurs proies qui s'enfuient.

Très bientôt, les œufs dans les nids des branches hautes se craquèleront et des oisillons affamés et pépiant en sortiront.

Des chevreuils broutent paisiblement les feuilles et l'herbe sous la voute fraîche des arbres. Ne fais pas un bruit ou ils détaleront.

Les terriers sont presque totalement cachés dans le sol des forêts : ces trous dans la terre sont les portes d'entrée des refuges des lapins, des blaireaux et des renards.

Les fleurs rose vif des silènes remplacent les jacinthes bleues des bois, formant un tapis sur le sol de la forêt.

Regarde les petites boulettes brunes sur le sol, cela pourrait être des crottes de renard, de lapin ou de chevreuil. Mais ne les touche pas avec les mains, pousse-les plutôt avec un bâton !

Des journées longues et chaudes

Les animaux de la ferme adorent passer les longues journées d'été dehors, sous la lumière chaude du soleil. La cour est remplie de poulets qui gambadent et d'oies qui se bagarrent pour manger les meilleures graines. Les prés sont parsemés de vaches en train de pâturer, de troupeaux de moutons et de cochons affamés qui font des provisions. Avec l'herbe abondante et l'eau fournie par le fermier, tous leurs besoins sont comblés. Le fermier se lève de bonne heure, prêt à démarrer la journée et à s'occuper de ses bêtes jusqu'à ce que le soleil soit haut dans le ciel.

À la fin de la journée, le fermier conduit les vaches, dont les mamelles sont lourdes de lait, hors du pré jusqu'à l'étable afin de les traire.

Toute la journée, les poules et les oies picorent le sol dans la cour de la ferme, à la recherche de graines, de céréales, d'insectes et de vers de terre à manger.

la ferme

La nuit, les chouettes effraies (ou dames blanches) chassent les souris, les musaraignes et les campagnols. Savais-tu qu'elles n'hululent pas mais poussent des cris stridents ?

L'herbe pousse vite en été. Les feuilles rondes et plates du trèfle se nichent entre les brins d'herbe. Ses fleurs sont parmi les favorites des abeilles.

Les jours sont longs à la ferme en été, avec des petits matins bien occupés, des après-midi ralentis, s'étirant jusqu'à de longues soirées, chaudes et lumineuses, avant que le soleil ne se couche enfin.

Les tiges courtaudes du plantain commencent à fleurir dans les prairies ; leurs graines sont contenues dans les jolis plumetis qui coiffent les tiges.

Les cochons, qui vivent dehors tout l'été, dénichent des coins d'ombre les jours les plus ensoleillés pour ne pas être brûlés par le soleil.

De magnifiques papillons bleus volent le long des haies, leurs ailes scintillant au soleil comme des bijoux.

Après la moisson, la paille qui reste est disposée pour sécher au soleil et devenir du fourrage. Emballée en balles rondes, elle est utilisée comme nourriture d'hiver pour le bétail quand il n'y a plus d'herbe fraîche (ou de foin) pour le nourrir.

Une crécerelle, toujours affamée, est prête à plonger et à se jeter sur une innocente souris.

Le son alternant pépiement et jacassement est celui de l'alouette des champs ; il varie selon qu'elle sautille au sol ou qu'elle vole.

De minuscules souris détalent au milieu des champs, escaladant les tiges d'herbe et de céréales pour attraper des graines.

Les criquets font entendre leur chant cliquetant et stridulant en frottant leurs pattes postérieures l'une contre l'autre avant de bondir à travers champs.

Les haies sont désormais bien fournies en feuillage dense ; elles deviennent des sortes de tunnels qui aident les animaux et les insectes à s'enfuir de champ en champ sans être repérés.

Des fleurs sauvages ont éclos sur les côtés du champ : des coquelicots écarlates, des bleuets bleu vif et des marguerites géantes.

Moissonner sous le soleil

La chaleur de l'été permet aux céréales semées par le fermier de bien mûrir dans les champs. Blé, maïs, orge et avoine prennent une teinte dorée et brune, ils sont prêts à être coupés et récoltés au milieu de l'été. Quand les épis sont mûrs, le fermier monte sur son tracteur, et le conduit de long en large et de haut en bas pour moissonner ses champs. Les oiseaux le surveillent d'en haut, les papillons planent paresseusement au bord des prairies, et les insectes, les souris et les renards se cachent dans la fraîcheur des haies.

À propos d'éclaboussures

La mare est un endroit magique en été. Les fleurs et les feuilles des plantes aquatiques deviennent des cachettes bienvenues pour les petites grenouilles, les petits crapauds et les bébés tritons. L'eau est remplie d'insectes sillonnant sa surface tandis qu'en dessous, les racines des plantes flottantes s'enfoncent profondément dans la vase où elles servent d'abri aux escargots, aux scarabées d'eau, aux petits poissons et aux larves de libellule. Les matins chauds, ces larves quittent l'eau, grimpent tout en haut d'une plante pour sécher leurs ailes neuves au soleil et se mettent alors à vrombir. Si tu regardes attentivement, tu devrais trouver l'ancienne peau qu'elles ont abandonnée derrière elles.

Au crépuscule, des chauves-souris à la recherche de provisions rasent la surface de l'eau dans l'espoir d'un festin de succulentes mouches et moucherons à mi-parcours de leur vol.

Des araignées d'eau filent à toute vitesse à la surface de l'eau, tandis que juste au-dessous les cigales d'eau pagaient gracieusement avec leurs longues pattes autour de la mare.

Sous la surface, de jeunes tritons se servent de leur longue queue pour nager rapidement dans l'eau. Ils se préparent à quitter la mare à la fin de l'été.

De minuscules grenouilles et crapauds nouveau-nés sortent de l'eau et tentent leurs premiers sauts et leurs premiers pas. Ils partent à la recherche de vers et de limaces à manger.

Si tu es silencieux – et très chanceux – tu pourras repérer une couleuvre se prélassant au soleil du matin, se réchauffant avant d'onduler à la recherche de nourriture.

Les jours plus frais, moins ensoleillés, les grenouilles et les crapauds lancent leur coassement chantant pour attirer un partenaire.

la mare

Pendant les calmes journées d'été, des libellules colorées vrombissent et foncent en zigzag d'un bout de la mare à l'autre.

Les feuilles rondes et plates et les jolies fleurs des nénuphars flottent sur l'eau, tandis qu'à côté des iris pointent vers le ciel des feuilles en forme d'épée.

Un héron aux longues pattes se dresse au bord de l'eau, attendant silencieusement d'attraper un poisson avec son bec en forme de poignard.

Des touffes de joncs bruns et cotonneux se dressent à belle hauteur sur les berges de la mare, le refuge idéal pour les grenouilles et les tritons.

As-tu vu un éclair bleu et orange vif ? Un martin-pêcheur a quitté son perchoir pour plonger dans l'eau et attraper un poisson.

Des canards et des poules d'eau se servent de leurs pattes palmées pour marcher rapidement dans la vase puis sauter dans la mare pour un bain rafraîchissant.

Des branches chargées de fruits

Le verger est un endroit paradisiaque en été. Dès que les dernières fleurs sont tombées des arbres, les fruits commencent à grossir. Leur peau passe du vert au jaune, à l'orange et au rouge et leur parfum sucré envahit progressivement l'atmosphère. Guêpes et abeilles viennent en visite, attirées par l'odeur, et les oiseaux attendent patiemment, prêts à picorer les fruits mûrissants. Les branches trop lourdes commencent à s'affaisser, les lapins sautent dans l'herbe haute et les premiers fruits mûrs jonchent le sol.

Le doux et ronronnant vrombissement des abeilles et des guêpes emplit l'air, provoqué par le battement de leurs minuscules ailes lorsqu'elles volent.

Les pommes mûrissent d'abord du côté ensoleillé de l'arbre ; leur peau rouge, jaune ou verte fonce. Ramasse les poires croquantes et précoces et laisse-les s'attendrir et se gorger de sucre à la maison.

Leur nez tressautant, les lapins sont dehors en pleine lumière pendant les chaudes journées. Si tu les as ratés, leurs crottes brunes et rondes sont un signe certain qu'ils sont dans les environs.

le verger

Le parfum de miel des fruits mûrs attire les guêpes et les abeilles dans le verger, où elles ont l'espoir de trouver quelque chose de sucré à manger.

Des cerises acidulées pendent des arbres comme des grappes de boucles d'oreille rouge rubis. Cueille-les rapidement avant que les oiseaux ne les aient toutes dévorées !

Quand les prunes commencent à tomber de l'arbre, elles sont prêtes à être cueillies, fermes et juteuses avec un goût puissant et parfumé.

Sous des monticules de terre fraîche et humide, une taupe creuse des tunnels dans le sol. La terre s'entasse derrière elle et si tu as beaucoup de chance, tu pourras l'apercevoir en train de la déblayer.

Des pêches à la peau douce et duveteuse, des nectarines rondes et lisses et des abricots orange fauve mûrissent et se gorgent de sucre dans la chaleur de l'été.

Des renards égaré
mais téméraires trott
de poubelle en poube
fouillant à la recherc
de restes à mange

Les fissures dans les trottoirs et les murs abritent les fleurs violettes des buddleias (ou arbres aux papillons) et les grandes fleurs roses des épilobes en épi.

Quand le ciel s'obscurcit et que les lampadaires s'allument, lève les yeux vers les silhouettes tremblantes des papillons de nuit attirés par la lueur éclatante.

Les jeunes se baladent à vélo, profitant du beau temps et faisant retentir la rue des joyeux échos de leurs sonnettes.

Les paniers suspendus aux réverbères et les jardinières aux fenêtres apportent un éclat coloré dans les hauteurs.

Lorsque tu descends la rue, les arbres couverts de feuillage et de fleurs d'été cachent le ciel au-dessus de ta tête.

Vivre dans la rue

En été, la rue est pleine de bruits, d'agitation et de vie. Les enfants courent, les gens font du vélo et les trottoirs sont noirs de monde car les voitures restent au garage. Les arbres sont entièrement recouverts de feuilles et de fleurs fraîches ; les jardinières aux fenêtres, les paniers suspendus aux lampadaires sont pleins de couleurs. Dans les fleurs bourdonnent papillons et abeilles et lorsque l'obscurité succède au jour, des papillons de nuit voltigent autour des lampadaires et parfois même des renards flairent la nourriture pour leurs petits.

Les haies de troènes en bordure des rues et des jardins sont en pleine floraison et répandent le parfum sucré et épais de leurs fleurs d'un blanc crémeux.

Bienvenue
en automne

L'automne est un rougeoiement de couleurs lorsque les feuilles des arbres changent de teinte et que le soleil est plus bas dans le ciel. Au fur et à mesure des semaines, les jours raccourcissent et il y a un peu de fraîcheur dans l'air quand le soleil disparaît à la fin de la journée. Les feuilles s'entassent tandis que les arbres se dénudent et que les oiseaux s'envolent vers le sud dès les premières gelées.

De précoces brouillards d'automne flottent au-dessus des champs pendant que le fermier laboure la terre et que l'odeur de fumée des feux de jardin monte dans l'air. C'est le moment de ressortir ton écharpe et tes gants et de courir dans le tapis de feuilles bruissantes. Accroupis-toi pour explorer la nature autour de toi et lève les yeux vers le ciel à travers les branches dégarnies.

Voler vers le soleil du sud

Le jardin est silencieux en automne car les oiseaux s'envolent vers des pays chauds pour échapper au froid. Les insectes, les papillons et les petits animaux cherchent un abri contre les rigueurs de la météo et les feuilles des arbres virent à l'orange, au jaune et au rouge avant de tomber, révélant des formes et des silhouettes inédites. La plupart des fleurs fanent mais quelques floraisons tardives apportent des touches de couleurs bienvenues. Des baies éclatantes apparaissent sur les rameaux, et les arbres comme les têtes de semence se dressent de toute leur hauteur, créant une ombre d'un brun chaud.

Les roses fanées sont remplacées par des cynorhodons écarlates, trop gros pour être mangés par les petits oiseaux, mais qui constituent un délicieux en-cas pour les merles et les grives litornes.

De bruyantes pies voleuses jacassent dans les arbres, sautillant de branche en branche, en attendant que quelque chose attire leur regard.

Lorsque les pétales dorés des tournesols deviennent bruns et tombent sur le sol, les graines au centre de la fleur mûrissent et passent au marron foncé, prêtes à être arrachées et dévorées par des oiseaux affamés.

Le sureau est chargé de grappes de baies violet foncé, facilement repérées par les oiseaux qui passent. Il offre aux souris et aux écureuils un cadeau automnal bien juteux.

Beaucoup de plantes s'affaissent progressivement, avant de dormir sous terre jusqu'au printemps. Les têtes de semences qu'elles laissent derrière elles sont pleines de graines savoureuses pour les oiseaux et les souris, et elles offrent un logis confortable pour les coccinelles.

le jardin

Lorsque les nuits deviennent plus froides, les papillons migrateurs décollent à la recherche du soleil, tandis que les autres papillons se préparent à hiberner.

Les oiseaux sont agités, ils se rassemblent, prêts à s'envoler vers le sud. Soudain, ils envahissent le ciel et c'est le départ.

Les crocus d'automne et leurs fleurs en forme de coupelles se dressent dans l'herbe sous les arbres comme de petites lueurs violettes.

Les dahlias et les chrysanthèmes conservent tout l'automne leurs fleurs en forme de pompons dans de chaudes nuances de rouge, de violet, de jaune et de rose.

Aux premières heures du matin, chasse les toiles d'araignée tendues entre les branches. Sont-elles luisantes comme des diamants à cause des gouttes de rosée ou toutes blanches à cause du gel ?

Accroupis-toi dans l'herbe et cherche les déjections rejetées par les vers : de petits tas de terre d'un brun soyeux.

Certaines herbes sont en pleine floraison et de légères touffes jaunes et rouges coiffent leurs hautes tiges.

Les dernières récoltes

Les premières gelées d'automne marquent la fin des récoltes pour beaucoup de cultures. On cueille les tomates, les piments sont sélectionnés et mis à sécher et les dernières pommes de terre sont retirées du sol. Les citrouilles restent encore jusqu'à ce qu'elles deviennent très grosses et virent à l'orange profond pour la fête d'Halloween ; quant à la terre nue, elle est bêchée puis abandonnée au gel hivernal.

Cueille les framboises dodues et formées de petites bouloches d'un rose lumineux en tirant doucement dessus quand elles sont à maturité.

Des aubergines d'un violet brillant pendent sur leurs tiges épineuses. Cueille-les rapidement avant qu'elles ne soient insipides et amères.

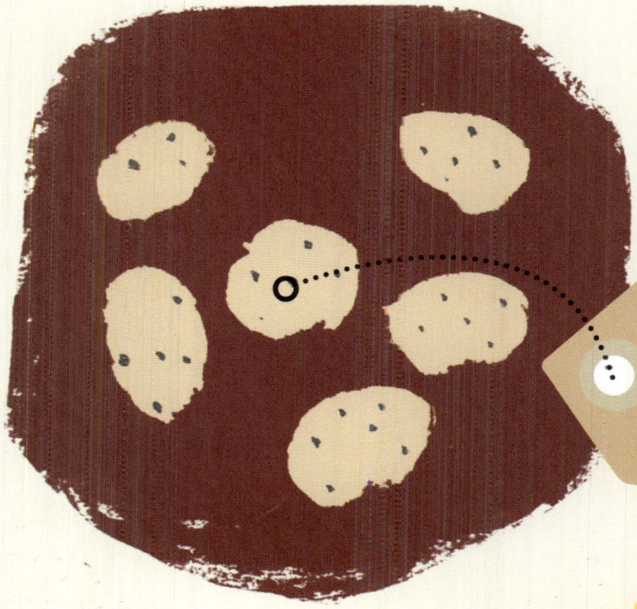

Creuse autour des dernières pommes de terre, puis fouille avec tes mains et retire-les du sol, bien rondes et terreuses.

Des citrouilles géantes orange sont tapies parmi leurs tiges entortillées et leurs feuilles sur leur parcelle de terrain, en attendant de devenir de grimaçantes figures d'Halloween.

Les piments forts et les poivrons doux brillent au soleil tardif de l'automne, virant doucement du vert au rouge.

le potager

Récupère les graines de tes plantes préférées, tomates, haricots et citrouilles. Fais-les sécher et conserve-les pour les semer l'année prochaine.

Une fois que leurs longues tiges ont viré au jaune, retire les oignons de la terre et suspends-les pour les faire sécher au soleil.

Quand les légumes ont poussé, récolte-les. Puis, répands du compost noir et friable sur la terre nue, c'est de l'engrais pour les plantations de l'année suivante.

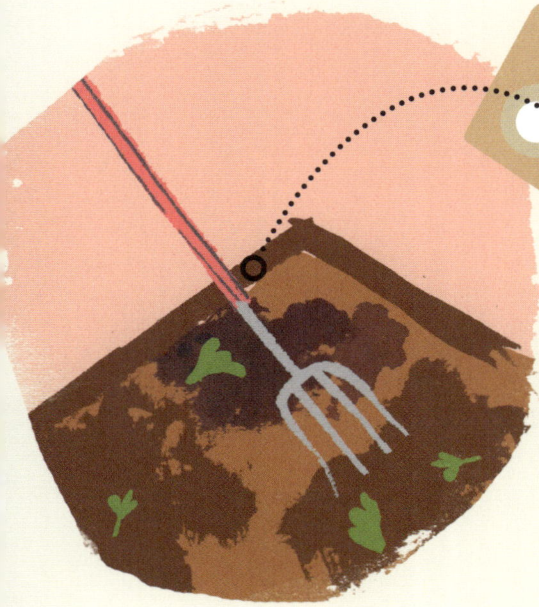

Place les réserves de carottes et de pommes de terre dans de grands sacs de toile brune et mets-les de côté dans la cabane du jardin – bien conservées, elles seront prêtes à être mangées quand tu en auras besoin pendant l'hiver.

Prends une pelle et creuse, creuse, creuse le sol, puis retourne-le afin qu'il soit prêt pour les nouveaux semis du printemps prochain.

Des cloches, qui ressemblent à de minuscules serres, protègent les jeunes plants fragiles contre le gel.

La chute des feuilles

C'est un moment magique dans les bois ! Les arbres sont tout colorés car les feuilles virent du vert aux nuances enflammées de l'automne. Lorsqu'elles tombent sur le sol ou s'envolent, poussées par le vent, elles laissent derrière elles les silhouettes dénudées des arbres. Le tapis de feuilles sur le sol de la forêt craque lorsque tu marches dessus et les écureuils se hâtent le long des branches à la recherche de noisettes pour leurs réserves hivernales... Croisons les doigts pour qu'ils se souviennent de l'endroit où ils les ont cachées !

Quand le temps devient plus humide, des champignons comestibles et d'autres vénéneux, jaunes, marron et même rouges apparaissent dans la nuit, regroupés au pied des arbres, nichés parmi les feuilles tombées.

Des pommes de pin couvertes d'écailles avec leurs graines bien dissimulées à l'intérieur et des aiguilles de pin vertes et piquantes jonchent le sol de la forêt, apportées par le vent ou tombées des branches.

les bois

Ramasse et collectionne une feuille de chaque couleur lorsqu'elle vient de tomber : vert, rouge, jaune, orange, violet et marron.

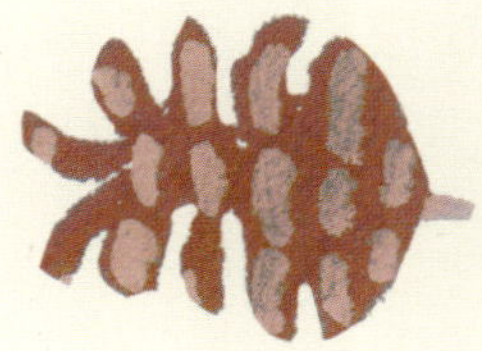

Lorsque le temps se refroidit, de minuscules souris se rassemblent dans des nids confortables, et dorment groupées pour se tenir chaud.

Des glands dans leurs cupules, des faines piquantes et des châtaignes brillantes chutent sur le sol. Au printemps suivant, donneront-ils de jeunes arbres ?

Quand tu donnes un coup de pied dans un tas de feuilles, remarque de fragiles squelettes parmi elles. Les parties les plus molles de la feuille ont disparu, laissant seulement les nervures qui composent son ossature.

Des feuilles de toutes formes et de toutes couleurs tapissent le sol, s'amoncellent en tas épais et s'envolent avec le vent. Écoute-les bruisser et craquer lorsque tu sautilles dans cet amas.

La fête des récoltes

La saison des cultures touche presque à sa fin et après toutes ces semailles, ces plantations, ces arrosages, les récoltes sont à point ! Des légumes bien mûrs et croquants et des fruits sucrés et juteux sont cueillis, nettoyés. Les plus exceptionnels sont sélectionnés pour participer aux foires d'automne. Le parfum des fruits mûrs emplit l'air car les tables sont couvertes de paniers, de cartons et d'assiettes débordant de récoltes, de bocaux colorés de légumes marinés dans le vinaigre, de pots de confiture, de gâteaux juste sortis du four, de cookies et de pain : une véritable célébration de tous les aliments délicieux obtenus pendant l'année !

Chaque automne à travers différents pays, des marchés de producteurs, des fêtes des récoltes et des foires agricoles célèbrent les cultures.

De joyeuses guirlandes de triangles colorés sont accrochées dans la cour de la ferme, des balles de paille sont alignées sur le sol et les tables gémissent sous le poids des récoltes.

Des pommes croquantes bonnes pour la dégustation et la pâtisserie sont sélectionnées et entreposées dans des barriques pour l'hiver.

Lave fruits et légumes, coupe-les en morceaux, puis fais-les cuire à gros bouillons pour préparer des pickles – des légumes marinés dans le vinaigre – et des confitures. Remplis des bocaux avec ces saveurs d'été et profites-en pendant les prochaines saisons !

Quelles sont les framboises les plus sucrées, les carottes les plus croquantes, les tomates les plus acidulées ? Où sont les haricots verts les plus longs ? Qui va gagner le premier prix de la foire ?

Se pelotonner pour l'hiver

Tandis que les jours raccourcissent et que le temps refroidit, le fermier est dans les champs, profitant au maximum de la lumière du jour. Le tracteur laboure la terre, la boue gicle autour des roues, préparant le sol à accueillir de nouvelles pousses de blé. Les haies jettent leurs derniers feux colorés lorsqu'elles se couvrent de baies, avant de perdre leurs feuilles. Les souris, les musaraignes et les écureuils cherchent d'épaisses touffes d'herbe afin de s'y installer pour l'hiver.

Les papillons économisent leurs forces en repliant leurs ailes, puis hibernent dans les creux des arbres, des murs de pierre et des bâtiments de la ferme, bien à l'abri des rigueurs du climat.

La haie est chargée de baies brillantes et juteuses, délicieuses à picorer pour les oiseaux. Elles représentent une source non négligeable de vitamines et de calories quand le sol est trop gelé pour y chasser des vers.

les champs

Lorsque le soleil se lève sur les champs, une brume grisâtre se faufile doucement à travers les arbres et les haies, puis reste comme suspendue juste au-dessus du sol.

Le fermier laboure les champs avec son tracteur, fouillant le sol, le retournant. Il laisse derrière lui de longues rangées bien tracées de terre fraîche et sombre, prête pour les semailles.

Quand la nourriture devient rare, les souris sont prêtes à passer les jours les plus froids en hibernation. Elles se pelotonnent dans des nids de feuilles, d'herbe et de brindilles pour survivre à l'hiver.

Des eaux calmes

Des feuilles atterrissent sur la mare, flottant à la surface jusqu'à ce qu'elles coulent lentement tout au fond. La surface de l'eau est immobile car les insectes qui s'y agitaient pendant l'été se sont envolés vers des coins sûrs pour hiberner. Les grenouilles et les tritons nagent jusqu'au fond vaseux avant que l'eau ne gèle et les crapauds se glissent à l'extérieur vers un abri au sec afin de se protéger du froid. Les plantes aquatiques commencent à dépérir avec l'hiver et l'eau claire devient d'un noir d'encre.

Les canards, les oies et les cygnes se rassemblent en bandes, prêts à s'envoler vers des zones humides au climat plus doux durant l'hiver.

Lorsque les températures chutent, les grenouilles nagent vers le fond de la mare pour se terrer dans la vase et la boue et hiberner, tandis que les crapauds filent à la recherche de leur nouvelle demeure d'hiver.

Les fleurs de roseau se détachent, leurs têtes à graines constituent des réserves de nourriture pour les oiseaux et de parfaites cachettes hivernales pour les crapauds.

La surface de la mare est jonchée de feuilles tombées des arbres environnants. Les plantes aquatiques brunissent et dépérissent l'hiver.

Avant qu'il ne fasse trop froid, les dernières larves d'insectes éclosent, puis quittent la mare et s'envolent à la recherche de nourriture et d'un abri.

Les grenouilles et les crapauds chassent les limaces, les araignées et les insectes pour engraisser avant l'hiver. Ils sortent brusquement leur langue collante afin d'attraper leur proie.

Les fruits tombent

L'air est rempli des senteurs des fruits trop mûrs et du bourdonnement des guêpes goulues. Les vents forts de l'automne décrochent les dernières pommes, poires et prunes qui tombent par terre avec un bruit sourd, et le sol du verger est parsemé de fruits. Les oiseaux les grignotent, les guêpes y grouillent et les petits animaux, à la recherche de provisions pour l'hiver, font un festin de ces fruits tombés avant que le gel ne frappe.

Les merles et les grives picorent les fruits que le vent a fait tomber et qui jonchent le sol : ce sont des aliments très énergétiques en prévision de l'hiver.

Les feuilles palpitent puis tombent sur le sol, révélant les contours des arbres et leurs branches noueuses et dénudées.

Des champignons vénéneux sortent leur tête en touffes blanches, jaunes et d'un brun doré au milieu des brins d'herbe. Mais ne les ramasse pas, ils ne sont pas bons à manger.

Les guêpes bourdonnent bruyamment autour des fruits tombés sur le sol, et font des provisions. Elles adorent la saveur très sucrée de la chair pourrissante.

Les branches tombées et le bois mort en décomposition deviennent le logis de beaucoup de magnifiques scarabées dépendant du verger pour leur subsistance.

Des noix toutes ridées et des noisettes d'un brun lumineux commencent à tomber des arbres, mûres et prêtes à être récoltées dans leur collerette d'un vert tendre.

La graine ailée en forme d'hélicoptère de l'érable palpite, se met en rotation et descend en tournoyant jusqu'au sol alors que les graines de frêne pendouillent en touffes, prêtes à se laisser tomber.

Un groupe d'oies cacardant prend son envol et met le cap sur un endroit chaud où passer l'hiver.

Des bogues verte
et piquantes ave
des marrons brillar
à l'intérieur tombe
sur le sol et se fend
en deux.

Joue à un jeu avec les marrons ! Suspends-les à des ficelles et frappe-les, cogne-les les uns contre les autres, fracasse-les jusqu'à ce qu'ils se brisent.

Les feuilles s'amassent en tas sur la chaussée, virevoltant en tourbillon lorsque le vent s'empare d'elles.

Le lierre s'accroche aux murs et aux clôtures avec ses minuscules racines ventouses. Quelle effervescence ! Les abeilles et les papillons retardataires affluent en bourdonnant autour de ses fleurs jaunes.

Lorsque la lumière décline, les figures rigolardes des citrouilles d'Halloween rougeoient aux fenêtres et devant les portes.

Du vent dans les rues

La rue change à nouveau. Les couleurs d'automne sont partout avec les feuilles aux teintes qui évoluent, tandis que les fleurs estivales retournent à l'état de graines. Des baies étincelantes et des cynorhodons apparaissent dans les haies, des noisettes et des glands craquent sous les pas sur la chaussée. Regarde dans le ciel les oies qui s'interpellent avant de filer au loin. Essaie de pourchasser à coups de balai les feuilles que le vent fait tourbillonner dans la rue. Sculpte une citrouille effrayante pour Halloween et allume une bougie à l'intérieur au coucher du soleil.

Bienvenue en hiver

Les jours sont courts et les longues nuits glacées, l'hiver est bien arrivé. Le monde est passé du vert au gris et il n'y a plus grand signe de vie dans le jardin ou dans les champs, car les plantes comme les animaux se cachent du froid. On allume des feux dans les cheminées, lorsqu'au-dehors le gel dessine des formes sur le sol et que des stalactites pendent des branches nues des arbres.

Une soudaine bourrasque de neige et tout devient blanc, les flocons tourbillonnent et recouvrent le paysage d'une couverture hivernale. Habille-toi bien pour te protéger du froid et sors dans le givre et la neige. Fabrique un bonhomme de neige, repère les empreintes, fais la chasse aux stalactites, lance une boule de neige et fais fondre un flocon de neige sur ta langue.

Un monde magique

Tout est calme dans un jardin l'hiver. Chaque matin, l'herbe est recouverte d'une couche de givre blanche et craquante, tandis que les arbres et les arbustes, dépouillés de leurs feuilles, sont transformés en squelettes noirs et rachitiques. La terre brune et nue est parsemée de quelques plantes qui ont conservé leurs feuilles, alors que profondément enfouies, d'autres attendent le printemps. Des oiseaux d'hiver font un tour au jardin à la recherche de nourriture mais le rouge-gorge veille, prêt à les chasser de son territoire.

Accroche une maisonnette à oiseaux ou un nichoir à un arbre ou à un mur en prévision du printemps. Des petites mésanges bleues et des roitelets l'utiliseront peut-être pour une sieste hivernale.

Quand l'eau commence à geler, les oiseaux peuvent avoir du mal à trouver quelque chose à boire. Remplis ton bassin pour oiseaux chaque jour et fais flotter une pomme dans l'eau, cela évitera qu'elle gèle entièrement.

Un éclair de rouge et voici un rouge-gorge dodu à la recherche de nourriture, qui gonfle son plumage pour résister au froid. Si tu sors dans le jardin, il te suivra.

Les tiges piquantes des bruyères sont ornées d'un duvet rose, blanc ou violet quand elles fleurissent malgré le froid et la neige.

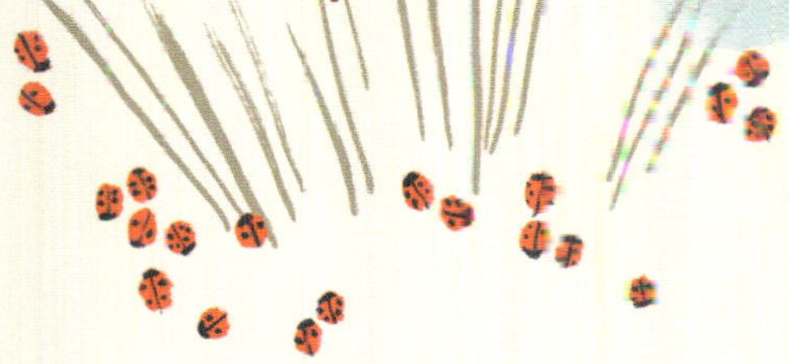

Cherche les grappes de coccinelles au coin de la cabane du jardin, sur les palissades. Elles sont souvent regroupées sur les plantes et les têtes de semence.

le jardin

Les oiseaux ont besoin de beaucoup de calories pour traverser l'hiver sans encombre. Suspends une boule de graisse et saupoudre leur mangeoire de graines, de morceaux de fromage, de fruits et de pain pour les aider à survivre.

Certaines plantes conservent leurs feuilles en hiver. Ces arbres et arbustes à feuilles persistantes deviennent les formes et les couleurs du jardin.

Les toiles d'araignée pendent des clôtures et entre les branches. Chaque fil délicat est enrobé de givre étincelant.

Les têtes de semence que des fleurs ont laissées derrière elles – plumeuses, piquantes et légères – brillent avec leurs gouttelettes de givre.

Les branches nues du forsythia sont couvertes de fleurs jaune d'or éclatantes qui éclosent longtemps avant l'apparition des feuilles.

Avant que tout ne fonde, sors et cours sur la pelouse gelée et retourne-toi pour regarder les empreintes craquantes que tu as laissées derrière toi.

Couvre-toi entièrement et bien chaudement, allonge-toi dans la neige fraîche et joue aux anges en agitant tes bras et tes jambes de haut en bas et ainsi de suite jusqu'à laisser des empreintes... d'ange.

Racines et soupes

L'hiver est la saison des racines et des feuilles dans le potager. Ces légumes-là sont plus sucrés et ont davantage de goût une fois qu'ils ont été « embrassés » par le gel, donc attends que le temps devienne glacial pour récolter les panais, les poireaux, les rutabagas et les choux. Délicieux dans des soupes et des ragoûts qui réchauffent bien, ils sont les aliments parfaits pour se sentir en forme les jours de grand froid ! Creuse et prépare le sol pour les nouvelles pousses du printemps puis patiente en rêvant aux futures récoltes…

De mini-tentes en tissu polaire léger et translucide couvrent les jeunes pousses, les protègent des morsures du froid et les gardent au chaud jusqu'au printemps.

Les longues racines pâles des panais s'allongent juste sous la surface du sol, devenant de plus en plus sucrées à chaque gelée.

Les poireaux s'alignent en rangées vertes bien droites. Ils attendent d'être retirés de la terre quand tu en auras besoin.

À moitié à l'extérieur, à moitié à l'intérieur de la terre, des rutabagas et des navets émergent du sol. Tire sur les feuilles à leur sommet et les globes lisses et ronds feront leur apparition.

Les boules vertes impeccables des choux voisinent avec des rangées de choux-fleurs blancs et bosselés, nichés dans leur enveloppe de feuilles.

Regroupés sous leurs feuilles, les choux de Bruxelles, qui ressemblent à de petits choux verts, poussent sur leurs longues tiges, prêts à être cuisinés.

Au fond de gros pots d'argile poussent de jeunes tiges de rhubarbe qui deviennent sucrées et roses, prêtes pour un savoureux dessert !

Les jours où le temps est clair, les jardiniers creusent le sol avec une pelle, aérant et retournant la terre, afin de la préparer aux plantations et aux semis de printemps.

Des oiseaux sautillent de long en large sur la terre brune et dure dans l'espoir qu'un ver de terre surgisse pour le manger.

Le bois est entassé en hautes piles en prévision des feux de joie, mais attends un peu avant d'y toucher ! Repère les petites créatures qui hibernent au milieu des bûches.

La neige craquante et scintillante, qui recouvre le toit de la cabane du jardin et le sol tout autour, retient les derniers reflets du soleil.

Des branches dénudées

Lorsque tu marches dans les bois, le seul son que tu entends est celui de tes pas sur le sol gelé. Les arbres ont perdu leurs feuilles et le ciel gris est désormais visible à travers l'enchevêtrement de branches. Un oiseau volette parmi les cimes des arbres tandis qu'en bas sur le sol, le tapis de feuilles et la terre deviennent craquants lorsque la température baisse au-dessous de zéro. Il y a peu de signes de vie mais regarde attentivement et tu verras ici des empreintes et là des crottes : des preuves que les animaux se déplacent lorsque les journées sont plus lumineuses.

Des bourgeons bruns et serrés, en grappes ou par paires, apparaissent sur les branches, prêts à se déployer au printemps en feuilles toutes neuves.

Mets-toi en chasse des premières fleurs d'hiver qui poussent à travers la neige : les perce-neige blancs et les aconits d'un jaune joyeux.

Recherche les empreintes d'animaux dans la neige. À qui appartiennent-elles ? À un animal qui court, sautille ou saute ?

Examine le sol gelé à la recherche des crottes d'animaux, brunes sur fond blanc. Celles du lapin sont petites et rondes, celles du chevreuil pointues et molles.

Le « tap-tap-tap » d'un pic tambourinant sur le tronc d'un arbre se mêle au chœur des oiseaux hivernaux dans la forêt.

Les pommes de pin – les fleurs marron et écailleuses des résineux – jonchent le sol jusqu'à ce que les écureuils les aient toutes ramassées pour les manger.

Pendant les rares journées ensoleillées,
les arbres dénudés deviennent des silhouettes
bien tranchées et leur tronc projette
des ombres allongées sur le sol.

Regarde le tronc et les branches
des arbres. Quelles couleurs peux-tu
distinguer ? Rouge ? Marron ? Gris ?
Sont-ils rayés ?

Observe bien à travers les branches nues ;
les paquets de brindilles qui forment
les nids des oiseaux ne sont plus dissimulés
par les feuilles d'été.

Le sol mou et boueux devient dur et blanc
avec le givre, les flaques d'eau gèlent, crépitant
sous tes pieds quand tu marches.

De la mousse vert tendre, qui ressemble
à des coussins de velours moelleux,
tapisse les endroits humides à la base
des arbres et sur le bois mort.

Après une chute de neige, le sol et les branches
sont recouverts d'une mince et moelleuse
couverture blanche qui les isole du froid.

Lorsque l'hiver touche à sa fin,
les premiers chatons blancs
de noisetiers se balancent dans le vent
comme de petites queues d'agneau.

Dans la grange

Le fermier surveille de près ses bêtes pendant l'hiver. Les vaches sont bien au chaud dans la grange confortable garnie de paille et les poules, qui ne couvent plus leurs œufs à cause du froid, sont perchées tranquillement dans leur poulailler. Cherche-le, il est souvent dans la cour de la ferme. Dehors dans les prés, les moutons, protégés du froid grâce à leur épais manteau laineux, broutent l'herbe jusqu'à ce que la neige commence à tomber.

N'oublie pas tes bottes en caoutchouc !
Le temps pluvieux et le gel de l'hiver
ont transformé la cour de la ferme
en un terrain boueux qui fait flic-floc.

Par tous les temps, le fermier sort
dans les champs gelés au volant
de son 4x4 pour s'assurer que
ses troupeaux sont en sécurité.

Les moutons, presque invisibles
dans les champs enneigés, dévorent
les balles de foin ramassées en été
que le fermier a laissées.

Les meuglements et le souffle
joyeux des vaches blotties
dans la grange tiède et sèche
retentissent pendant
tout l'hiver.

La paille et le foin récoltés
pendant l'été et entreposés
dans la grange procurent
de la nourriture et des litières
confortables pour le bétail.

Les poules ont des plumages épais et abondants pour les garder au chaud.
Elles se serrent les unes contre les autres sur les perchoirs du poulailler.
Elles attendent le printemps et le moment où elles pourront couver leurs œufs.

Des terres nues

La campagne en hiver est un paysage apaisé, de terre brune, de chaume doré et de petites pousses vertes. Les haies, dont les dernières feuilles et les dernières baies ont disparu, forment des broussailles de branchages nus. Elles se découpent au loin dans les champs et façonnent la perspective. Des bandes d'oiseaux piailleurs suivent le tracteur lorsque le fermier laboure les champs boueux et nourrit la terre brune, tandis que la fumée d'une lointaine cheminée dérive lentement dans le paysage.

Les champs, où les foins ont été coupés, sont désormais un festin pour les alouettes. Elles profitent tout l'hiver des mauvaises herbes qui les recouvrent et de leurs graines.

Comme les souris et les musaraignes deviennent difficiles à trouver, les chouettes effraies affamées sortent en plein jour à la recherche de nourriture.

À l'arrière du tracteur, le fermier tire une remorque remplie de paille et de fumier récupéré dans la cour de la ferme. Cela nourrira le sol en prévision des nouvelles cultures printanières.

Le fermier attend la fin de l'hiver, que toutes les baies et fruits à coque aient disparu des haies pour les couper et les tailler.

Grimpe sur une colline et regarde les champs au-dessous de toi : une tapisserie infinie avec toutes les nuances de brun et de vert.

Les premières feuilles de blé semé en automne jaillissent du sol brun et froid et commencent à pousser.

Les jours de temps calme, le fermier laboure les derniers champs. Les dents de métal brillant de la charrue retournent la terre brune et fertile, enfouissant les restes de chaume.

Des eaux gelées

La mare est recouverte de glace en hiver lorsque la température tombe au-dessous de zéro. Les feuilles d'automne coulent au fond de la mare. Il n'y a aucun signe de vie et aucun mouvement dans les eaux sombres et stagnantes. La surface gelée prend une couleur bleu glacé et les canards qui cherchent à s'abreuver glissent dessus lorsqu'ils vont faire un tour dans la campagne. Sur les berges, les plantes sont brunes et raidies par le gel, et si tu as de la chance, un jour ensoleillé, une grenouille pourrait remuer à la recherche de nourriture.

Les crapauds s'enfouissent sous les feuilles, les tas de bois et dans la terre, en sécurité et au sec, jusqu'à ce que les températures remontent.

Dans la vase au fond de la mare, les grenouilles et les tritons dorment pendant les mois froids de l'hiver, respirant par la peau.

Bien cachée sous un tas de feuilles ou sous une pile de rondins, une couleuvre est enroulée sur elle-même ; elle hiberne en attendant le printemps.

la mare

Là où la glace se fissure et laisse apparaître des trous, les canards et les oiseaux se rassemblent pour boire l'eau glacée.

Un héron gris et blanc se tient immobile sur la glace avant de se déplacer avec précaution sur ses longues et fines échasses, en quête d'un poisson.

Les canards glissent, patinent et dérapent sur la mare gelée, laissant des motifs sinueux et argentés derrière eux.

Sous la glace, les poissons dénichent des poches d'eau tiède au fond de la mare et s'y dissimulent.

De hauts joncs raidis par le gel et scintillant au soleil d'hiver ornent les berges de la mare.

Regarde les canards qui se pressent vers toi, c'est à qui arrivera le premier pour manger les morceaux de pain et les graines que tu jettes sur la mare gelée.

Recouvert par la neige

Les arbres fruitiers sont complètement dénudés maintenant, leurs feuilles, fruits et fleurs ont disparu depuis longtemps. À la place, de petits bourgeons bien gonflés surgissent, les nouvelles feuilles et les fleurs attendent le printemps. Des grappes de gui persistant apparaissent. Des taches rondes et lumineuses de lichen parsèment les branches dépouillées. Un lapin bondit, il a quitté son terrier douillet pour chercher de l'herbe rase à manger. La neige tombe et le vent hurle mais les arbres se dressent bien solidement, avec leurs silhouettes noires se détachant sur la neige.

Des touffes de gui vert, avec ses baies qui ressemblent à des perles blanches, pendent des branches nues des pommiers.

Le gui pousse lorsque les oiseaux mangent ses baies. Ils font tomber les graines qui collent aux branches et commencent à se développer.

le verger

Le verger est délaissé désormais, avec ses arbres nus, dépouillés de leurs feuilles, se dressant comme des statues dans l'herbe.

L'absence de feuilles révèle la véritable forme des arbres : certains, hauts et droits, se dressent vers le ciel, d'autres bossus et noueux se baissent au-dessus du sol.

Vois-tu les taches rondes, jaunes et vertes sur les branches ? C'est du lichen, un champignon astucieux, qui peut se développer presque partout.

Des stalactites pointues pendent des branches. Écoute-les s'égoutter lorsqu'elles fondent.

Les lapins farfouillent à la recherche de brindilles, d'écorce et d'herbe à manger maintenant que les fleurs et les fruits ont tous disparu.

Les gens se promènent dans les rues avec les sapins de Noël qu'ils rapportent chez eux, avant d'y suspendre boules et guirlandes lumineuses.

Remarque les buissons de houx épineux ! Les baies rouges qui brillent parmi les feuilles piquantes sont de la nourriture pour les oiseaux et des décorations de Noël pour toi.

Dans certains pays, des chanteurs entonnent des chants de Noël qui résonnent joyeusement dans les rues !

Le ciel s'obscurcit de bonne heure en hiver et lors des nuits claires, des étoiles scintillantes apparaissent dans le noir.

Bien à l'abri dans le lierre, des oiseaux affamés dévorent les baies brillantes, encore mûres alors que toutes les autres ont déjà été mangées.

As-tu entendu parfois un renard égaré hurler tard dans la nuit ? Son cri perçant peut sembler effrayant mais il est simplement en train d'appeler sa partenaire.

Cours et saute sur les empreintes dans la neige ; font-elles ta pointure ?

Des lumières scintillantes

La nuit tombe tôt et les jours sont courts en hiver ; pourtant, à l'approche de Noël, les rues obscures s'illuminent et se remplissent de couleurs. Les feuilles ont toutes disparu et les jardins sont dépouillés mais de joyeuses couronnes de branchages décorent les portes, les sapins de Noël scintillent aux fenêtres. Des lumières et des décorations sont suspendues un peu partout. Un rouge-gorge siffleur se tient sur le réverbère et chante dans la nuit ; lorsqu'il commence à geler, des dessins de givre apparaissent aux fenêtres et sur les trottoirs. Attention à ne pas glisser sur le verglas !

Des guirlandes de Noël multicolores quadrillent la rue, clignotant autour des branches des arbres et scintillant aux fenêtres.

Wide Eyed Editions
www.wideeyededitions.com

Nature's Day copyright © Aurum Press Ltd 2015
Pour les illustrations, copyright © Danielle Kroll 2015

Écrit par Kay Maguire
Maquette : Andrew Watson
Édition : Jenny Broom

Publié en Grande-Bretagne et aux États-Unis en 2015 par Wide Eyed Editions,
un département d'Aurum Press, 74-77 White Lion Street, London N1 9PF
www.aurumpres.co.uk

Tous droits réservés

Aucun extrait de ce livre ne peut être reproduit, stocké dans un système d'extraction
de données ou transmis sous aucune forme et par aucun moyen électronique, mécanique,
photocopié, enregistré ou autre sans l'autorisation écrite préalable de l'éditeur
ou sans une licence autorisant des copies limitées.
Au Royaume-Uni, ces licences sont données par la Copyright Licensing Agency,
Saffron House, 6-10 Kirby Street, London EC 1N 8TS

Pour l'édition française © 2015 - Éditions MILAN
300, rue Léon-Joulin – 31101 Toulouse Cedex 9, France
Traduction française : Isabelle Dubois
Correction : Alexandra Dirand

Droits de traduction et de reproduction réservés pour tous les pays. Toute reproduction, même
partielle, de cet ouvrage est interdite. Une copie ou reproduction par quelque procédé que ce soit
photographie, microfilm, bande magnétique, disque ou autre, constitue une contrefaçon passible
des peines prévues par la loi du 11 mars 1957 sur la protection des droits d'auteur
Loi 49.956 du 16.07.1949 sur les publications destinées à la jeunesse.
Dépôt légal : 1er trimestre 2015
ISBN : 978.2.7459.7451.8
Imprimé à Dongguan, Guangdong, Chine

Kay Maguire a fait ses études aux Royal Botanic Gardens à Kew et a depuis écrit et réalisé des films sur le jardinage ainsi que sur la faune et la flore. Elle travaille également pour des magazines et des sites Internet. Elle est l'auteur d'un livre primé par la Royal Horticultural Society, *How to grow your own crops in pots* (*Comment faire pousser tes propres cultures dans des pots*). Elle a la chance de vivre dans un des plus formidables parcs royaux de Londres, où elle adore faire pousser ses propres fruits et légumes, faire du vélo et promener son chien avec ses enfants.

Danielle Kroll est une artiste et designer qui vit à Brooklyn, un quartier de New York. Elle est diplômée de la Tyler School of Art et a poursuivi sa carrière en travaillant dans un département d'art et d'anthropologie. En ce moment, elle se consacre à une grande variété de projets, de l'illustration au design sur tissu.